AF250659

AFFAIRE DU CIMETIÈRE MONTMARTRE

CONSULTATION

POUR

M. GABRIEL ROBINET

Appelant d'un Jugement
de la 6ᵉ Chambre du Tribunal correctionnel de la Seine,
du 4 décembre 1867.

CONSULTATION

POUR

M. GABRIEL ROBINET

**Appelant d'un Jugement
de la 6ᵉ Chambre du Tribunal correctionnel de la Seine,
du 4 décembre 1867.**

M. Gabriel Robinet, élève externe du Lycée Saint-Louis, condamné, malgré ses vives et énergiques dénégations, par la sixième chambre du Tribunal de police correctionnelle de la Seine, présidée par M. Delesvaux, à 2 mois d'emprisonnement pour avoir crié : *A bas les mouchards!* et avoir tenté de s'échapper des mains des *agents de la police secrète*, qui auraient voulu le mettre en état d'arrestation, nous écrit la lettre suivante :

« Monsieur ANDRÉ ROUSSELLE,

« Le samedi, 2 novembre, j'ai été mis en état d'arrestation par *deux sergents de ville en uniforme*, au moment où je venais de sortir seul et paisiblement de l'enceinte du cimetière Montmartre. Je n'avais rien fait ni rien dit qui pût, non-seulement motiver, mais même expliquer une pareille mesure. Tout ce que je puis me rappeler, c'est qu'à quelques pas devant moi, un individu, que je ne connaissais pas, venait de s'enfuir, après avoir poussé le cri de : *A bas les mouchards!* Je me laissai emmener sans aucune résistance.

« Arrivé au poste de la place Bréda, dans un étroit local, où se trouvaient déjà dix-neuf personnes arrêtées, gardées par un grand nombre de sergents de ville et d'agents de la police secrète, je dus attendre assez longtemps que mon tour vînt de comparaître devant M. le commissaire Bellanger. Lorsque ce moment fut arrivé, la scène suivante eut lieu.

« *M. le commissaire.* Et celui-ci, dit-il en me désignant du doigt, qui l'a arrêté?

« *Une voix.* Ce sont deux agents de *la centrale*, mais ils ne sont plus là.

« L'on allait être obligé de me relaxer lorsque je vis sortir d'un groupe de gens en bourgeois un individu que je n'avais jamais vu, lequel s'écria :

« Celui-là? attendez-donc, c'est moi qui l'ai arrêté ; il a dit : « *A bas la rousse!* » et m'a fait
« rébellion. »

« Là-dessus je fus consigné au poste malgré mes dénégations et protestations, et, plus
tard, j'ai été traduit en police correctionnelle et condamné par application des art. 222, 224,
209 et 212 du Code pénal, sur la seule déposition de cet individu, qui est agent de la police
secrète, et qui a déclaré faire partie du service de M. Lagrange. Son affirmation n'a été cor-
roborée que par celle d'un autre individu qui est aussi agent de la police secrète, et qui a
déclaré faire également partie du service de M. Lagrange.

« Je fais appel à vos lumières pour savoir :

« 1° Si les renseignements fournis par des *agents de la police secrète* peuvent être, en
dehors de tout autre témoignage et malgré les dénégations du prévenu, élevés par la Justice
au rang de preuves légales, et en tenir lieu ;

« 2° Si les cris de : *A bas la rousse!* adressés à des *agents de la police secrète*, dont rien n'indique la fonction et qui procèdent à des arrestations jugées illégales, constituerait le délit
d'outrage prévu et puni par les art. 222 et 224 du Code pénal ;

« 3° Si le fait de chercher à s'échapper des mains d'*agents de la police secrète*, non porteurs
de mandat, non revêtus d'insignes, qui arrêtent un citoyen sous prétexte qu'il aurait crié :
A bas la rousse ! constituerait le délit de rébellion prévu et puni par les art. 209 et 212 du
même Code ;

« 4° Enfin, si je dois interjeter appel du jugement de la 6ᵉ chambre du tribunal de police
correctionnelle du 4 décembre dernier.

« Veuillez agréer, etc.,

« Signé : Gabriel Robinet.
rue Saint-Placide, 85.

PREMIÈRE QUESTION.

Les renseignements fournis par des AGENTS DE LA POLICE SECRÈTE *peuvent-ils être, en
dehors de tout autre témoignage, et malgré les dénégations du prévenu, élevés par la
Justice au rang de preuves légales, et en tenir lieu ?*

En droit. Depuis le Code de Brumaire an IV, les *sergents de ville* ne possèdent
plus le droit de constater par des procès-verbaux les infractions aux lois pénales. Leurs
rapports, lors même qu'ils ne concernent que des contraventions de police, ne doivent
avoir d'autorité devant les Tribunaux, qu'autant qu'ils sont appuyés par des preuves
légales. Ces rapports n'ont que le caractère de dénonciations et ne peuvent être pris en
considération qu'à titre de renseignements et de documents utiles aux investigations de
la justice. (Ainsi jugé par arrêts de la Cour de cassation, du 7 août 1829, du 27 mai
1837, du 30 mars 1839, du 15 octobre 1842, etc., etc.) Il doit en être ainsi à *fortiori*
des *agents de la police secrète* qui ne présentent pas les mêmes garanties d'honorabi-
lité et de sincérité résultant du choix scrupuleux de l'administration et de l'obligation
du costume. Les sergents de ville peuvent, il est vrai, affirmer sous la foi du serment

la vérité de leurs rapports et mériter confiance dans une certaine mesure ; mais il ne saurait en être de même des agents de la police secrète pour des raisons que nous voulons laisser à M. Bérenger (de la Drôme), ancien président de chambre à la Cour de cassation, le soin de développer.

« *L'inexpérience*, dit Bérenger (de la Drôme), des agents que la police emploie,
« leurs *habitudes*, leur *caractère* QUI EST RAREMENT PROPRE A INSPIRER DE LA CONFIANCE,
« rendent les renseignements qu'ils recueillent et les actes qu'ils rédigent TRÈS-*peu*
« *dignes* de foi ; les tribunaux auxquels ces actes sont transmis ne peuvent les recevoir
« qu'avec une EXTRÊME *circonspection*, ou, s'ils se déterminent à en faire usage, à
« quelles *erreurs ne s'exposent-ils pas* ! Il arrive que la police produit comme témoins
« des hommes qu'elle a employés comme *espions*, et qui, ne recevant de salaire *qu'en*
« *proportion de leurs services* et SOUVENT *pour chaque opération*, sont INTÉRÉSSÉS *à sou-*
« *tenir leurs premières déclarations* et à EXAGÉRER les faits sur lesquels ils sont dépo-
« sants. »

Le rôle naturel des agents de la police secrète, — puisqu'il se trouve des individus pour remplir ce rôle, — doit être d'observer, d'épier et de rapporter. Ils fournissent des indices à l'administration et la mettent sur les traces des criminels. Mais leurs *dénon-ciations* ne doivent être acceptées comme vraies qu'autant qu'elles pourront être con-trôlées et prouvées. Ils présentent par leurs personnes et par leurs fonctions trop peu de garanties, et sont trop directement *intéressés* à exagérer leurs services pour qu'il soit prudent et équitable de faire dépendre la condamnation d'un citoyen de leurs seules déclarations. (Art. 322 et 323 du C. d'inst. crim. sur les *dénonciateurs*.)

En fait. Est-ce que l'attention de la magistrature ne doit pas être spécialement éveillée sur les faits et gestes de certains agents de la police secrète, par le concours des circonstances suivantes qui se rencontrent dans cette affaire et qui sont indéniables ?

1° Les arrestations ont été faites avec une telle légèreté et un entraînement si irréflé-chi, qu'après examen du juge d'instruction, M. de Gonet, cinq seulement sur vingt ont pu être suivies d'ordonnance de renvoi. Quinze ordonnances de non-lieu viennent prou-ver jusqu'à la dernière évidence et d'une manière en quelque sorte authentique, le profond mépris que professent certains agents de la police secrète pour la liberté des citoyens. Créés pour rassurer les citoyens, ils devraient prendre garde que leur pro-tection ne devienne ni tracassière, ni inquiétante. — Il est maintenant acquis, par les dépositions des personnes les plus honorables, qu'avant leur brutale et intempestive irruption, aucune parole n'avait été prononcée, aucun cri proféré.

2° Une des choses les plus étranges de cet étrange procès, c'est le désaccord pro-fond qui existe entre les rapports des agents de la police et les déclarations d'un grand nombre de témoins dignes de foi, et dont la sincérité est au-dessus de tout soupçon.

Les exagérations de ces rapports étaient tellement évidentes, qu'elles n'ont pas résisté au premier examen. Ainsi, M. Bellanger, dans son rapport à M. le Préfet de police, n'a pas craint de dire que 1200 personnes environ étaient arrivées successivement aux abords de la tombe de Manin. Cette allégation était si contraire à la vérité, et même si invraisemblable, que M. le Préfet de police, dans sa lettre à M. le Procureur impérial, a réduit de 1200 à 700 le nombre des personnes qui seraient venues rendre hommage à la mémoire de Manin. Ce nombre, réduit de moitié, est encore exagéré de moitié, d'après les déclarations des citoyens entendus à l'audience. Quant à l'attroupement tumultueux, aux cris séditieux et aux sommations, ils n'ont existé que dans l'imagination des agents de la police, car personne n'a vu ni entendu ce qu'ils rapportent. Et sur ce point, les dépositions de MM. Montandon, pasteur, Hérold, avocat à la cour de cassation, Fréderic Morin, agrégé de l'Université, conseiller général du Rhône, Etienne Arago, ancien réprésentant du peuple, etc., valent bien les affirmations intéressées d'agents clandestins et sans caractère.

L'exagération apparaît encore plus évidente dans cette partie du rapport de M. Bellanger, ainsi conçue : « Le tombeau, — celui de Cavagnac, — était entouré « d'une foule compacte formant un demi-cercle en arrière, et comme pour préparer « une sorte de résistance. Nous l'avons sommée de se disperser : elle n'en a rien fait. « Nous avons réitéré nos injonctions, et comme elles restaient sans effet, nous avons « fait évacuer l'emplacement à l'aide de sergents de ville. Un certain tumulte s'en « est suivi. Des cris de : *A bas la police! Vive Cavagnac! Vive l'Italie* et *Vive* » *Garibaldi!* ont été poussés. Des résistances ont été opposées aux agents. Bref, « nous sommes restés maîtres du terrain après 21 personnes arrêtées. » On voit bien que l'intérêt, comme la peur, grossit les objets. En dehors de la police, personne n'a remarqué cette sorte de résistance organisée. Elle est d'ailleurs invraisemblable en présence des nombreux sergents de ville et de la quantité d'autres agents qui sillonnaient le cimetière, et qui constituaient une véritable manifestation, la seule sérieuse qui ait eu lieu au cimetière Montmartre et sur les boulevards qui y conduisent. Quant aux arrestations, elles ont été effectivement opérées, bien qu'elles n'aient pas été toutes maintenues, mais ce ne sont pas elles qui ont rendu M. Bellanger *maître du terrain*, suivant son expression, puisque la plupart ont eu lieu en dehors du cimetière, sur le boulevard de Clichy, et jusque dans la rue de Laval.

Nous n'insistons pas. L'opinion publique a déjà fait justice de ces rapports, qui ont trompé si étrangement la religion de M. le Préfet de police. Ces entraînements se comprennent sans se justifier. La police, effrayée de l'effet produit sur les esprits par l'intervention romaine, avait craint une manifestation politique au cimetière Montmartre. Elle avait pris en conséquence des précautions formidables et donné des ordres rigoureux. La manifestation annoncée et redoutée n'eut pas lieu. Les précautions prises parurent tout à fait disproportionnées. Les agents subalternes de la police le sentirent. A leur insu, sans aucun doute, ils se laissèrent aller à grossir les faits, soit pour justifier aux yeux du public les mesures ordonnées, soit pour exagérer aux yeux de leur chef la portée de leurs services.

Ainsi s'expliquent les rapports exagérés, qui ont provoqué de si nombreux et de si éclatants démentis, tant dans l'instruction qu'à l'audience et dans la presse.

3° En général, dans les procès qui ont pour mobile la politique, les magistrats se trouvent en présence de prévenus d'un caractère tout particulier. Ces prévenus étranges, au lieu de chercher à dérouter la sagacité du juge par des dénégations plus ou moins habilement opposées aux dépositions des témoins, ont à cœur de renchérir encore sur les témoignages dont on prétend les accabler. Bien loin de nier avoir crié, soit *Vive la Pologne!* soit *Vive Garibaldi*, ils se font un titre de gloire de l'expression publique de leurs sentiments, et prétendent avoir exercé un droit, quelquefois même avoir accompli un devoir. Ils ne se font pas illusion sur l'efficacité de ce moyen de défense, mais ils se croiraient déshonorés s'ils avaient essayé de payer un acquittement du prix d'un mensonge. Leur éducation leur fait considérer toute altération volontaire de la vérité, même pour échapper à une injuste persécution, comme une œuvre de bassesse et d'avilissement. Ils ont tellement, sous ce rapport, le respect d'eux-mêmes, que le remords d'une dénégation non justifiée leur serait mille fois plus pénible qu'une condamnation, si sévère qu'on la suppose. C'est là un fait d'expérience qui se remarque dans la plupart des procès politiques.

Eh bien! dans le procès actuel, — chose extraordinaire, — tous les prévenus nient les faits qui sont relevés à leur charge, bien que ces faits ne soient de nature à entacher, ni leur honneur ni leur considération. N'est-on pas tenté d'en conclure que ces faits sont purement imaginaires? Au premier abord, le doute est au moins permis. Mais la lumière ne tarde pas à se faire, lorsque l'on considère que les dénégations des prévenus sont confirmées par les témoignages qui se sont produits, en dehors de l'audience et à l'audience même, tandis que les affirmations des agents de la police secrète ont été infirmées par des entraînements et des exagérations dont l'existence est aujourd'hui démontrée par les résultats de l'instruction à laquelle il a été procédé.

M. de Gonet lui-même n'a pas craint d'apprécier à leur juste valeur les témoignages policiers, puisqu'il a rendu des ordonnances de non-lieu en faveur de prévenus qui étaient accusés, eux aussi, d'avoir crié : *A bas les mouchards!* et d'avoir résisté aux agents qui prétendaient les mettre en état d'arrestation. La justice tient évidemment la balance égale entre tous les citoyens ; elle ne saurait, sans manquer à son premier devoir, qui est l'impartialité, avoir deux poids et deux mesures. Elle ne doit donc pas avoir plus de confiance dans la déposition des agents de la police secrète, Massenat et Petit, quand ils accusent M. Robinet, que lorsqu'ils accusent MM. tels et tels, à qui l'on a évité avec raison l'ennui de venir s'asseoir sur les bancs de la police correctionnelle. On peut donc s'étonner que M. le juge d'instruction n'ait pas continué d'appliquer sa propre jurisprudence.

4° On ne peut pas s'empêcher de se demander pourquoi, le prétendu attroupement tumultueux étant composé de personnes de tout âge et étant dispersé, suivant le rapport de M. Bellanger, par « un détachement de 50 sergents de ville de la brigade « centrale, » on n'a traduit en police correctionnelle que de tout jeunes gens et on n'a fait entendre comme témoins que des agents de la police secrète. Les jeunes gens, par un renversement de toutes les notions sur la responsabilité morale, seraient-ils de meilleure prise que les hommes mûrs? Les sergents de ville inspireraient-ils moins de confiance que les agents de la police secrète? Ne serait-ce pas plutôt parce que les prétendus délits relevés par la police paraîtraient plus vraisemblables s'ils étaient attribués à des jeunes gens, et que les dénégations qu'on avait juste raison de redouter auraient plus de poids dans la bouche des personnes âgées? N'a-t-on pas craint aussi que *les sergents de ville,* anciens soldats d'élite pour la plupart, et qui remplissent ouvertement des fonctions utiles, n'eussent pas la mémoire aussi complaisante que les *agents de la police secrète?* Nous nous bornons à poser ces questions sans les résoudre, nous en rapportant, sur ce point, à l'impartialité et à la sagacité de la magistrature.

Sur la première question, il est donc évident, par toutes les considérations qui précèdent, que les preuves légales et morales font complétement défaut dans cette affaire. Il nous semble que pour des magistrats qui ne veulent pas s'exposer témérairement à condamner à tort, et dont les consciences délicates exigent l'évidence avant de se prononcer, M. Gabriel Robinet doit être renvoyé des fins de la plainte portée contre lui.

DEUXIÈME QUESTION.

Le cri de A BAS LA ROUSSE! *adressé à des* AGENTS DE LA POLICE SECRÈTE, *dont rien n'indique la fonction, et qui procèdent à des arrestations jugées illégales, constituerait-il le délit* d'OUTRAGE *prévu et puni par les art.* 222 *et* 224 *du Code pénal?*

En droit. De la combinaison des art. 222 et 224 du Code pénal il résulte évidemment que la loi n'a entendu protéger, par une peine spéciale, que « tout agent dépositaire de la *force* publique » et « tout citoyen chargé d'un ministère de service public » qui « dans l'exercice ou à l'occasion de l'exercice de ses fonctions » aurait reçu un outrage de nature « à inculper son honneur et sa délicatesse. »

I. Pour que l'outrage soit punissable, il faut donc d'abord qu'il soit adressé aux fonctionnaires désignés par la loi. Dans l'espèce, il s'agit d'agents de la police secrète. La loi a-t-elle entendu protéger spécialement les agents dont les fonctions ne sont point ostensibles? L'art. 224 parle des « agents dépositaires de la *force* publique. » Or, les agents de la police secrète, pas plus que les sergents de ville, ne sont agents dépositaires de la *force* publique » lorsqu'ils n'agissent pas en exécution de l'art. 77 du règlement du 18 juin 1811. Lorsqu'ils exercent par les ordres de l'autorité municipale qui les a institués la surveillance que cette autorité leur a confiée, ils sont bien « agents de l'*autorité* publique, » mais à ce titre ils ne jouissent pas de la protection accordée par l'art. 224 aux « *agents dépositaires de la force publique.* » Ainsi jugé par un arrêt de la cour de cassation du 28 août 1829. C'est que, dit M. Faustin Hélie, si les agents de la *force* publique ne sont pas toujours agents de l'*autorité* publique, ces derniers ne sont pas toujours non plus agents de la *force* publique. Aussi, d'après cet éminent jurisconsulte, les agents ou les appariteurs de police ne doivent pas être rangés dans la classe des agents de la *force* publique.

La loi du 13 mai 1863, qui est venue ajouter à l'art. 224 du Code pénal les mots « et à tout citoyen chargé d'un ministère de service public, » a-t-elle entendu comprendre les agents de la police secrète ou même les sergents de ville qui n'étaient pas compris, ainsi que nous venons de le voir, dans les expressions de « agent dépositaire de la force publique ? » Si nous nous reportons à l'*Exposé de motifs* de cette dernière loi, nous voyons que le législateur a entendu comprendre, sous la dénomination de « citoyens chargés d'un ministère de service public, » non pas les agents de la police secrète et les sergents de ville, mais « les surveillants des halles et marchés, les « gardiens des maisons centrales, les agents des contributions indirectes et d'autres « encore » que la jurisprudence ne comprenait pas sous la dénomination « d'agents dépositaires de la force publique. » Le *Rapport* au Corps législatif n'a fait que reproduire les expressions textuelles de l'*Exposé de motifs*. Donc ce serait forcer le sens de l'art. 224 nouveau et étendre son application, — ce qui n'est pas permis en matière pénale, en vertu de l'adage *odia restringenda*, — que de le faire servir à protéger les *agents de la police secrète*, ainsi que l'ont fait les premiers juges.

II. Il faut, en second lieu, que l'outrage soit commis dans l'exercice ou à l'occasion de l'exercice des fonctions. Au moment où le cri de *à bas la Rousse !* aurait été poussé, les agents de la police secrète étaient-ils dans l'exercice de leurs fonctions ? Il est difficile de le savoir. Leurs fonctions consistent à épier, à observer et à rapporter. Il est probable qu'ils accomplissaient cette fonction aussi consciencieusement que possible. Mais ce n'était évidemment pas à ceux qui accomplissaient leurs fonctions d'une manière inostensible que les cris se seraient adressés, puisqu'ils n'étaient ni vus ni connus. Ce ne pouvait donc être qu'à ceux qui agissaient ostensiblement. Que faisaient ceux-là ? Ils procédaient à des arrestations. Ils n'étaient évidemment pas dans l'exercice de leurs fonctions, puisque les arrestations qu'ils ont opérées ont été jugées illégales par 15 ordonnances de non lieu. On ne peut évidemment prétendre que la fonction des agens de la police secrète consiste à faire des arrestations et surtout des arrestations illégales. Donc on ne peut dire qu'ils aient été outragés dans l'exercice ou à l'occasion de l'exercice de leurs fonctions.

III. En troisième lieu, il est indispensable, pour que l'article 224 soit appliqué, que l'outrage soit de nature à inculper « l'honneur et la délicatesse » des fonctionnaires outragés. Ainsi, la loi ne punit ni toute injure ni tout outrage, mais seulement l'outrage qui, par son caractère, tendrait à paralyser l'autorité morale et à affaiblir la considération de ceux qu'elle protége. Le cri de : *A bas la Rousse!* revêt-il ce caractère ? Est-il de nature à porter atteinte « à l'honneur et à la délicatesse » des agents de la police secrète ? Nul ne le pourra prétendre. Ce cri ne témoigne pas, il est vrai, d'une bien grande sympathie ni d'une tendresse excessive pour des gens qui ont le goût de l'espionnage, mais la tendresse et la sympathie pour certains agents de la police ne font pas encore partie, que nous sachions, des devoirs des citoyens. On ne peut donc pas dire légalement qu'une injure impersonnelle, adressée en général à des *agents de la police secrète,* dont on n'attaque pas la considération et la dignité, tombe sous l'application des articles 222 et 224 du Code pénal.

En fait. Les cris sont énergiquement déniés et ne sont pas juridiquement établis. D'après les circonstances de la cause ci-dessus relevées, il serait d'une souveraine imprudence d'ajouter foi aux rapports de police. Ces rapports qu'un zèle intéressé a pu dicter étaient destinés primitivement à l'administration. Serait-il téméraire de penser que le témoignage du rapporteur, qui n'aurait pu revenir sur ses déclarations écrites sans compromettre ses intérêts, ait pu être involontairement influencé par la nature même des choses ? Peut-on penser qu'une pareille déposition ait été complétement libre, et puisse laisser sans inquiétude la conscience du magistrat ?

N'est-il pas possible, en outre, que l'agent de la police scrète ayant réellement entendu au milieu d'une foule compacte le cri de : *A bas la Rousse!* se soit trompé dans la désignation de la personne qui aurait poussé ce cri ? Un zèle compréhensible n'a-t-il pas pu favoriser une erreur si facile déjà par elle-même ? Les esprits les moins prévenus pourraient trouver dans ces circonstances de légitimes sujets de doute, et, par suite, d'abstention.

TROISIÈME QUESTION.

*Le fait de chercher à s'echapper des mains d'*AGENTS DE LA POLICE SECRÈTE, *non porteurs de mandat, non revêtus d'insignes, qui arrêtent un citoyen sous le prétexte qu'il aurait crié:* A BAS LA ROUSSE ! *constituerait-il le délit de* RÉBELLION *prévu et puni par les articles* 209 *et* 212 *du Code pénal ?*

En droit. La Loi qualifie de rébellion « toute résistance avec violences et voies de « fait envers les officiers et agents de la police administrative ou judiciaire, agissant « pour l'exécution des lois, des ordres ou ordonnances de l'autorité publique, des « mandats de justice ou de jugements. »

1° Il ne suffit pas d'une résistance inerte ou passive, il faut une résistance avec violences ou voies de fait, c'est-à-dire, l'emploi immédiat d'une force matérielle. Celui qui prendrait la fuite au moment où l'on se présenterait pour l'arrêter ne se rendrait pas coupable de rébellion. Il manifesterait bien l'intention de résister à l'agent de la loi, mais comme sa résistance ne serait accompagnée, ni de violences ni de voies de fait, elle ne tomberait pas sous l'application des articles 209 et 212 du Code pénal. Il en serait de même, et par les mêmes raisons, de celui qui, ne pouvant prendre la fuite, refuserait néanmoins de suivre l'agent. Mais si aux tentatives de l'agent pour l'emmener, celui qui est appréhendé opposait une résistance personnelle et volontaire afin de s'échapper en faisant usage de sa force, il y aurait évidemment rébellion. Le cas d'une délivrance opérée spontanément par des tiers sans le concours direct de l'appréhendé ne le constituerait pas plus en état de rébellion que celui qui, avant toute main mise, aurait échappé à son arrestation par la fuite.

2° La résistance ci-dessus définie doit être opposée aux « agents de la police administrative ou judiciaire. » Ces expressions comprennent-elles les *agents de la police secrète ?* Il est permis d'en douter. Peut-on considérer comme agents et traiter comme tels des hommes dont aucun insigne ne révèle la qualité ? Est-ce que l'autorité peut être atteinte par la résistance opposée à des individus qui ne la représentent pas aux yeux des citoyens, puisque le propre de leurs fonctions est d'être inostensibles ? La loi n'a parlé et n'a entendu parler que des sergents de ville et des appariteurs de police, et non de ces agents, autrefois innommés, qu'on désigne aujourd'hui sous le nom d'inspecteurs de police. D'ailleurs, il a été jugé à maintes reprises et avec raison qu'il n'y a pas rébellion dans le fait de résister même à des « agents de la police administrative et judiciaire » dont on ignore la qualité. Ainsi jugé, en ce qui concerne des gendarmes déguisés en bourgeois et des gardes-champêtres non porteurs de leur plaque. (Voir Cass., 3 brumaire an 14 ; Riom, 9 mars 1828 ; Cass., 26 août 1810 ; Metz, 30 novembre 1818, etc., etc.)

3° D'après l'article 209, pour que la résistance avec violences et voies de fait envers les agents que la loi énumère constitue le délit de rébellion, il faut que cette résistance se soit manifestée contre ces agents « au moment où ils agissaient pour l'exécution « des lois, des ordres ou ordonnances de l'autorité publique. » Lorsqu'il s'agit d'agents de la police secrète, il est difficile de saisir le moment où ils agissent pour exécuter les ordres qu'ils ont reçus. Rien ne pouvant révéler leurs fonctions, on pourrait dire qu'ils les exercent même lorsqu'ils sont reçus chez des amis ou lorsqu'ils reçoivent des amis chez eux. Il est difficile de supposer par ces considérations et par celles qui précèdent que la loi ait entendu protéger spécialement ces étranges fonctionnaires, dont la mission consiste à cacher leur qualité et à dissimuler leur action.

Quoi qu'il en soit, si la résistance leur a été opposée pour repousser l'exécution d'un acte irrégulier et arbitraire qu'ils prétendaient accomplir, on se demande si la résistance n'a pas été légale et exclusive à ce titre de tout délit de rébellion. La victime d'un acte irrégulier et arbitraire n'a-t-elle pas usé du droit naturel de légitime défense, qui a été reconnu par toutes les législations ? C'est là une question qui ne saurait arrêter des magistrats, soucieux de la dignité humaine et scrupuleux observateurs de l'équité. La loi romaine, que l'on a appelée la raison écrite, ne s'y est pas trompée. Elle a consacré en ces termes le droit de résistance légale : *ut etiamsi officiales ausi fuerint à tenore datâ legis desistere, ipsis privatis resistentibus, à faciendâ injuriâ arceantur.* (L. 5, Cod. de *Jure fisci.*). Cette disposition protectrice du droit des citoyens a réuni les suffrages des jurisconsultes Accurse et Farinacius. « L'agent qui excède son pou-« voir, dit Grotius, n'est plus qu'un simple particulier dont il est permis de repousser « les violences : son acte est un acte de force brutale auquel on peut opposer la force « elle-même. »

La meilleure raison, à notre sens, a été donnée par Barbeyrac. « On ne peut ad-« mettre, dit-il, qu'un particulier se soit engagé ou ait dû s'engager nécessairement à « souffrir tout de ses supérieurs sans jamais opposer la force à la force. Si cela était, « la condition de ceux qui entrent dans quelque société serait, sans contredit, plus « malheureuse qu'auparavant, et rien ne les obligerait à se dépouiller de cette liberté « matérielle dont chacun est si jaloux. » En effet, la doctrine de l'obéissance passive est aussi antisociale qu'immorale. Elle est attentatoire, au premier chef, à la dignité de l'homme et au droit du citoyen. Quelle est la raison d'être de l'État, représentant la société, si ce n'est d'assurer la liberté et la sécurité de chaque membre de cette société ? Ne serait-il pas contradictoire que la force sociale, confiée dans un but de protection, pût être détournée de sa destination et transformée en instrument d'oppression ? Une pareille société, si elle pouvait exister, ne donnerait pas plus de garanties que l'état de nature si regretté par Rousseau. « Il y a quelques cas, dit Jousse, où « il est permis à celui que l'on veut emprisonner de faire résistance, et cela a lieu « principalement lorsque celui qui veut arrêter est sans caractère, ou lorsqu'ayant « caractère, il n'a point les marques de son ministère, ou bien lorsqu'il est porteur d'un « mandement ou décret d'un juge sans caractère, ou lorsqu'il a excédé son pouvoir, ou « lorsqu'il n'a point observé les formes de justice. En effet, cette défense est plutôt « une défense légitime qu'une rébellion. Ainsi, il est permis à celui qu'on veut arrêter « injustement, non-seulement de résister, mais encore d'appeler ses amis et ses voi-« sins à son secours pour l'aider à se défendre. »

Les législateurs de la Constituante, de 1791 et 1793, avaient formellement consacré cette doctrine : « Tout acte exercé contre un homme hors les cas et sans les formes que « la loi détermine est arbitraire et tyrannique ; celui contre lequel on voudrait l'exé-« cuter par la violence a le droit de le repousser par la force. » Parmi les législations modernes, la loi brésilienne et le Code de la Louisiane ont expressément légitimé la résistance à un acte illégal.

Notre Code Pénal est resté muet sur ce point. A-t-il entendu s'écarter du droit naturel si énergiquement consacré avant lui? Nul ne le saurait prétendre. Il n'aurait pas repoussé une doctrine si universellement admise et si profondément gravée dans le cœur de tout homme, par la voie d'une simple prétérition. Il est à supposer, au contraire, que nos législateurs ont trouvé le sentiment de la résistance à un acte illégal, si naturel et si légitime, qu'ils ont cru superflu de lui donner une sanction légale. Peut-être aussi ont-ils craint que la proclamation par eux d'un principe que l'on n'avait que trop de propension à appliquer, ne parût justifier certaines exagérations, et ont-ils préféré, par cette raison, s'en rapporter à la souveraine appréciation du juge, ne pensant pas que jamais l'idée lui viendrait de fouler aux pieds un droit naturel.

La Cour de cassation parut d'abord comprendre la pensée du législateur. Dans un arrêt du 16 avril 1812, elle reconnut implicitement, mais — nous devons le dire — avec une certaine timidité, le droit de résistance à un acte illégal. Cet effort a dû lui coûter, car elle ne persista pas longtemps dans sa jurisprudence. Dans la crainte sans doute, — crainte peu fondée, selon nous, — d'énerver le principe d'autorité, elle imagina de couvrir les agents en créant en leur faveur une présomption, celle que les agents n'agissent jamais que conformément à la loi. (Voir arr. Cass., 14 avril 1820, 5 janvier 1821, 3 septembre 1824, 15 octobre 1824, 15 juillet 1826, 26 février 1829). Cette étrange doctrine a été généralement combattue par les cours d'appel. Nous citerons entre autres des arrêts d'Agen, 5 mai 1823, Rouen, 25 mai 1821, Lyon, 10 juin 1824, Lyon, 24 août 1826, Liége, 5 avril 1826, Limoges, 28 février 1838, Amiens, 12 mai 1827, Toulouse, 23 février 1826, Riom, 4 janvier 1827, Nîmes, 21 novembre 1826, Limoges, 24 décembre 1826, Bourges, 10 mai 1838, Douai, 22 novembre 1839.

En 1837, la Cour de cassation, en présence de la résistance obstinée qu'elle rencontrait de la part de presque toutes les cours d'appel, parut se raviser et revint à une meilleure appréciation des droits et de la dignité des citoyens. Dans un arrêt du 8 avril, elle a jugé que la résistance, même avec violences et menaces, à l'ordre illégal d'un agent du gouvernement, n'est pas une rébellion punissable. Elle ne considéra plus comme absolument vrai le principe, par elle antérieurement posé, que la résistance aux ordres illégaux serait subversive de l'ordre public.

« Est-il possible de croire, dit M. Faustin Hélie, que la théorie de la résistance,
« mise en vigueur pendant des siècles, proclamée par les lois anciennes, recueillie
« par les législations modernes, enseignée par les plus graves jurisconsultes, soit
« *subversive de tout ordre, soit un outrage pour la loi elle-même ?* Non, la société n'est
« pas mise en péril, parce que la loi pose la limite de l'action du pouvoir, parce qu'elle
« cesse de le protéger quand il la dépasse et se livre à des actes arbitraires ; non, la loi
« n'est point outragée parce que les agents chargés de l'exécuter sont méconnus,
« quand ils méconnaissent eux-mêmes leur mission. Le péril serait de confondre l'abus

« et le droit et de les couvrir de la même protection ; l'outrage de donner provision
« aux actes arbitraires sur la réclamation légale...

« ..... L'agent cesse d'être le représentant de l'autorité au moment où il s'écarte de
« ses fonctions, car l'autorité, dans un gouvernement constitutionnel, c'est la loi, c'est
« le droit..... L'ordre n'est point intéressé à soutenir les abus des agents du pouvoir ;
« il se fonde sur la loi et non sur l'arbitraire..... »

« ..... La présomption de légalité doit cesser de couvrir les actes de l'officier pu-
« blic quand il se rend coupable d'un excès de pouvoir, de la violation flagrante d'un
« droit : tel serait le cas où un agent voudrait, hors le cas de flagrant délit et sans
« mandat, effectuer une arrestation, etc. Dans ces différents cas, l'agent ne saurait
« plus être protégé par sa fonction, car il agit en dehors de ses devoirs ; il ne peut in-
« voquer le titre en vertu duquel il procède, car il ne le représente pas..... La pré-
« somption ne le défend donc plus, car l'illégalité est flagrante, car cette illégalité
« prend le caracètre d'un délit. »

Parmi les auteurs qui reconnaissent les droits des citoyens et qui proclament les
devoirs de la société, nous citerons encore Carnot. « S'il y a un coupable, dit cet émi-
« nent jurisconsulte, n'est-ce pas plutôt celui qui a provoqué la résistance ? La puni-
« tion tardive de l'agent prévaricateur réparera-t-elle le mal qu'il a causé ? Il nous
« semblerait aussi juste que raisonnable de ne pas demander à un homme plus qu'il
« ne peut être permis d'attendre de sa faible nature. »

En résumé, il nous paraît impossible que sous l'empire d'une Constitution qui « re-
« connaît, confirme et garantit les grands principes proclamés en 1789, et qui sont la
« base du droit public des Français, » la magistrature de notre pays, fidèle interprète
d'une volonté souveraine et gardienne vigilante des droits et de la dignité des citoyens,
ne continue pas à appliquer une jurisprudence si conforme au bon sens, à la raison, à
l'équité et à la nature. Si, sous le vain prétexte de fortifier l'autorité, on permettait,
même à ses représentants les plus subalternes, de se placer au-dessus des lois, on pourrait dire que les citoyens existent pour la police et non la police pour les citoyens,
comme aux plus mauvais temps du Bas-Empire.

En fait. En admettant la déclaration fort contestée et très-contestable des agents de
la police secrète, le délit de rébellion n'existerait pas à la charge de M. Gabriel Robinet. « Il est vrai, dit l'agent de police Petit, qu'il ne m'a pas porté de coups, et s'il
« avait été seul, son arrestation n'aurait été marquée par aucun incident ; mais des
« jeunes gens qui étaient avec lui sont venus à son secours, et il a réussi à m'échapper
« des mains. » Plus tard, à l'audience, se trouvant pressé de questions, l'agent Petit
n'a pu affirmer que les prétendus libérateurs de M. Robinet fussent ses camarades ; il
a paru même affirmer le contraire, puisqu'il a déclaré que ces jeunes gens se trouvaient à un mètre derrière M. Robinet. En acceptant même cette version, on ne ren-
contre pas cette résistance avec violences et voies de fait, qui est indispensable pour

constituer le délit de rébellion. M. Robinet n'aurait pas opposé cette résistance active qu'exige la loi. Si des tiers sont intervenus, c'est un fait étranger à M. Robinet et dont il ne saurait être responsable.

De plus, les agents Petit et Massenat, entendus comme *témoins*, sont des *agents de la police secrète*, attachés, d'après leur propre déclaration, au service de M. Lagrange, et dont rien ne révélait ni ne pouvait révéler la qualité. En admettant donc qu'ils soient protégés par l'art. 212 du Code pénal, malgré leurs fonctions cachées, ils n'avaient pas pris la peine de justifier de leur qualité à M. Robinet, qui aurait pu, dès lors, les considérer comme des officieux et se défendre contre leurs tentatives.

Enfin, il est incontestable que ces agents n'étaient porteurs d'aucun mandat et que M. Robinet ne se trouvait dans aucun de ces cas de flagrant délit qui permettent d'effectuer une arrestation sans mandat. Il n'avait rien crié, et, en admettant qu'il eût crié : *A bas la rousse !* ce cri, plutôt *séditieux* qu'outrageant adressé à des agents de la police secrète, procédant à des arrestations non justifiées, ne constituait pas une de ces infractions qui permettent à un simple agent d'opérer une arrestation, puisqu'il n'y a avait pas crime flagrant ni délit flagrant de *droit commun*. Son arrestation était donc complétement illégale, et par cette raison encore, il aurait pu résister, même avec violences et voies de fait, sans pour cela se rendre coupable du délit de rébellion. — La loi n'a jamais permis aux *agents de la police secrète*, parce qu'ils ne présentent pas de suffisantes garanties de capacité, de moralité et de responsabilité, de porter atteinte à la liberté des citoyens. S'il en était autrement, il faudrait regretter *les lettres de cachet*.

« Quant aux agents subalternes de la police, dit M. Coffinières, ils n'ont, *dans au-* « *cune circonstance quelconque*, le droit d'arrestation ; car aucune loi antérieure ou « postérieure à la publication du Code d'instruction criminelle, ne leur a attribué un « caractère public; ce sont de simples particuliers, tirés le plus souvent des *derniers* « *rangs de la société ;* et certes, le législateur n'a pu faire assez peu de cas de la li- « berté des citoyens pour la livrer à leur merci. »

QUATRIÈME QUESTION.

M. Robinet doit-il interjeter appel du jugement de la 6me chambre du tribunal de police correctionnelle du 4 décembre dernier.

La réponse à cette question ne saurait plus faire difficulté après les solutions qui précèdent. Non-seulement les faits relevés à la charge de M. Robinet n'ont pas d'existence légale, mais fussent-ils aussi évidents qu'ils sont douteux, ils ne constitueraient pas, tant à raison des circonstances qui les auraient accompagnées, qu'à raison de la qualité des personnes qui se plaignent, les délits d'outrage et de rébellion prévus et punis par les art. 222, 224, 209 et 212 du Code pénal. Lors même que la magistrature, adoptant, par impossible, une jurisprudence que nous croyons dangereuse pour la liberté et la sécurité des citoyens, ajouterait foi aux déclarations toujours considérées comme suspectes des *agents de la police secrète*, lors même qu'elle reconnaîtrait à ces agents tous les priviléges qui leur ont été refusés dans tous les pays libres, lors même qu'elle considérerait les délits d'outrage et de rébellion comme existants en fait et caractérisés en droit, n'y aurait-il pas lieu encore de réformer la décision des premiers juges? N'y a-t-il pas une disproportion énorme entre les faits relevés et la peine infligée? Est-ce qu'un jeune homme de dix-huit ans mériterait la peine de deux mois d'emprisonnement pour avoir crié: *A bas la Rousse !* en voyant procéder à des arrestations dont les trois quarts n'ont pas été maintenues, et pour avoir cherché à s'échapper sans violence ni voies de fait des mains d'un inconnu qui s'était emparé de lui? Serait-il plus coupable que celui qui, par violence ou par ruse, porterait atteinte à la fortune d'autrui, pour n'être pas resté impassible en présence de scènes qui avaient excité toute l'indignation du vénérable M. Montandon, pasteur de l'Église réformée? Certes, la question de l'âge mise à part, jamais circonstances plus favorables ne se sont présentées pour l'application du *minimum* de la peine qui, même sans l'admission des circonstances atténuantes, aurait pu être réduite à six jours de prison et seize francs d'amende. La Cour ne peut oublier toutes les circonstances ci-dessus relatées qui, au cas d'existence des délits reprochés, devraient atténuer dans une proportion *considérable* des entraînements d'autant plus excusables qu'ils auraient répondu à d'autres entraînements qui les auraient en quelque sorte provoqués. Et s'il est vrai que les signes extérieurs de l'autorité commandent toujours plus de retenue et de respect, il est incontestable, suivant la parole de M. Faustin Hélie, que « l'absence de ces signes, en privant l'autorité d'une partie « de sa force morale, semble enlever au délinquant une partie de sa culpabilité. »

En compulsant le volumineux dossier de cette affaire, on ne peut s'empêcher de se demander pourquoi M. Robinet n'a pas bénéficié d'une ordonnance de non lieu, ainsi que bon nombre d'inculpés qui se trouvaient exactement dans la même situation que lui. Sous le rapport des faits, des circonstances et de l'âge, rien ne pouvait justifier une faveur spéciale à leur égard. Sans doute ces ordonnances ont été conformes à la justice ; mais alors pourquoi la même justice n'a-t-elle pas été rendue à tous?

Faudrait-il chercher la cause de cette différence dans l'existence d'une note anonyme que nous avons trouvée au dossier, qui ne devait pas, paraît-il, passer sous nos yeux, et qui est ainsi conçue :

« Le nommé Robinet (Gabriel), agé de dix-huit ans, né à Paris, étudiant en méde-
« cine, demeurant chez ses parents, rue Sainte-Placide, n° 35. Ce jeune homme par-
« tage les idées révolutionnaires de son père, le docteur Robinet, disciple d'Auguste
« Comte. Il ne recevrait aucun de ses amis chez son père, mais il serait en rapport
« avec les étudiants connus en raison de leur hostilité au gouvernement impérial. »

Nous ne pouvons croire que cette pièce ait exercé la moindre influence sur l'esprit de M. le juge d'instruction. D'abord il est contraire à la dignité de la justice que des magistrats tiennent compte de documents anonymes dont personne ne connaît la source et dont il est impossible de contrôler les allégations. De pareils documents doivent être repoussés du pied avec dédain. Nous ne perdrons donc pas notre temps à discuter les erreurs matérielles et les erreurs d'appréciation que renferme cette prétendue notice. M. Robinet fils n'est pas plus étudiant en médecine qu'en droit. Il est tout simplement lycéen et n'entretient aucunes relations avec les étudiants, hostiles ou non, au gouvernement impérial. Nous ne pouvons toutefois nous empêcher de regretter que l'on mette sous les yeux des magistrats de semblables pièces, alors surtout qu'elles sont destinées à être dissimulées à la défense. Un pareil fait, s'il n'était isolé, pourrait presque être considéré comme une espèce d'outrage vis-à-vis de la magistrature. Heureusement que la magistrature rend des arrêts et non des services.

Nous comprenons à merveille certaines nécessités de la politique, mais nous comprenons mieux encore les sévères exigences de la Justice. Les préoccupations de l'administration, légitimes dans leur sphère, doivent expirer au seuil des tribunaux. Lorsque la politique n'est pas complétement étrangère aux faits qui lui sont déférés, la magistrature, dont le rôle consiste dans une grande impartialité unie à une excessive prudence, doit surtout tenir en éveil toutes les lumières de son esprit et toutes les délicatesses de sa conscience. Elle doit tenir compte de tous les entraînements de la nature humaine, peser dans sa balance aussi bien les devoirs des gouvernements que les droits des gouvernés, et n'user du pouvoir redoutable de condamner que lorsque l'évidence, — cette évidence qui ne laisse pas la moindre place au doute, — a lui à ses yeux.

Sous le mérite des observations qui précèdent, nous pensons que M. Gabriel Robinet aurait dû être renvoyé des fins de la plainte portée contre lui, et qu'en conséquence le jugement qui l'a condamné doit être réformé en appel.

Délibéré à Paris, le 19 décembre 1867.

ANDRÉ ROUSSELLE,
Avocat à la Cour de Paris.

Paris.—Imprimé chez Jules Bonaventure, quai des Grands-Augustins, 55.

PARIS

IMPRIMERIE JULES BONAVENTURE

55, quai des Grands-Augustins.